AF509319

EXTRAIT

DES

EDITS, DECLARATIONS

ET

ARRESTS DU CONSEIL,

CONCERNANT

LES MONNOYES

DE FRANCE.

A COMMENCER EN L'ANNÉE MIL SIX CENS QUARANTE.

AVEC

Les Empreintes de toutes les Efpeces d'Or & d'Argent, & les Augmentations ou Diminutions ordonnées fur icelles depuis mil fix cens
quatre-vingt-neuf, jufqu'en mil fept cens trente-un.

A PARIS,

Chez la Veuve SAUGRAIN & PIERRE PRAULT, Imprimeur des Fermes
du Roy, Quay de Gefvres, au Paradis.

M. DCC. XXXI.

AVEC PRIVILEGE DU ROY.

VALEUR DES ESPECES D'OR ET D'ARGENT.

LES Fabrications & Reformations survenües depuis la Declaration du 31. Mars 1640. & les Diminutions ou Augmentations indiquées sur icelles depuis l'Edit du mois de Decembre 1689.

Par la Declaration du Roy Loüis XIII. du 31. Mars 1640. il fut ordonné une Fabrication de Loüis d'Or de 36. un quart au marc, du poids de cinq deniers six grains, valeur de dix livres : Et peu de tems aprés, ce Prince ordonna la Fabrication des Loüis d'Argent, ou Pieces de soixante sols, que l'on a depuis nommé communément Ecu blanc, le tout avec un grennety sur le contour, comme il se voit par les Empreintes cy-aprés.

ON a continüé sous le Regne de Loüis XIV. de glorieuse memoire, jusqu'en l'année 1689. de Fabriquer des Especes au même poids, Titre, Loy, Cours & Empreintes que celles cy-dessus, à la reserve de l'Image du Prince, à laquelle fut substituée celle du Roy lors Regnant.

B

EDIT DE DECEMBRE 1689.
Nouvelle Fabrication & Reforme.

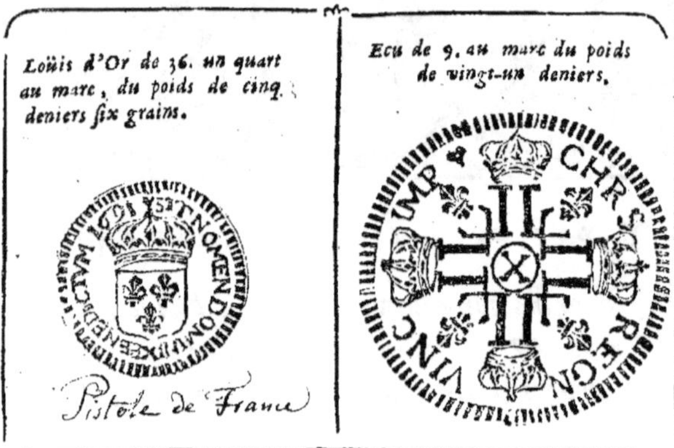

	Livres.	Sols.	Deniers.
Loüis XIV. ordonna par cét Edit, que les Loüis d'Or, tant de la nouvelle frabrication que reformez à l'Ecuſſon des Armes de France, auroient cours au premier Janvier 1690. pour	12	10	0
Les Ecus pour	3	6	0
Les demis, quarts, &c. à proportion.			
1691. Reformation des Pieces de 3. ſols 6. deniers à 4. ſols. Par la Declaration du 28. Août 1691. les Pieces qui avoient cours pour trois ſols ſix deniers, ont été reformées & ont eû cours pour	0	4	0
Par Arrêt du 22. Juillet 1692. les Loüis reformez ont été diminuez au premier Août enſuivant de cinq ſols, & n'ont eû cours que pour	12	5	0
Les Ecus de la même fabrication pour	3	5	0
1692. Reformation des ſols marquez. Par Edit du mois d'Octobre 1692. les ſols marquez appellez Douzains ont été reformez, & on en fabriqua qui eurent cours pour	0	1	3
Par Arrêt de Decembre 1692. les Loüis d'Or ont été reduits au premier Janvier enſuivant à	12	0	0
Les Ecus à	3	4	0
1693. Fabrication des Liards. Par la Declaration du 9. Juin 1693. l'on fabriqua des Liards, qui on eû cours pour	0	0	3

Par Arrêt du 16. Juin 1693. les Loüis d'Or ont été reduits, à commencer au premier Juillet ensuivant à — — — — | 11 | 15 | 0

Les Ecus à — — — — | 3 | 3 | 0

Par Arrêts des 16. Juin & 26. Juillet 1693. les Loüis d'Or ont été reduits, à commencer au premier Août ensuivant à — — — | 11 | 10 | 0

Et les Ecus reduits à — — — | 3 | 2 | 0

EDIT DE SEPTEMBRE 1693.
Reformation des Loüis & Ecus.

Loüis d'Or de 36. un quart au marc, du poids de cinq deniers six grains.

Ecu de 9. marc du poids de vingt-un deniers.

Pistole de France.

Par cét Edit, & Declaration du 11. Octobre 1693. les Loüis reformez ont eû cours au premier jour dudit Octobre pour — — — | 14 | 0 | 0

Les Ecus pour — — — | 3 | 12 | 0

Le premier Janvier 1700. lesdites Especes ont été reduites : Sçavoir,

Les Loüis d'Or à — — — — | 13 | 15 | 0

Les Ecus à — — — — | 3 | 11 | 0

Le premier Fevrier les Loüis d'Or ont été reduits à — — — — | 13 | 10 | 0

Les Ecus à — — — — | 3 | 10 | 0

Le premier Avril les Loüis d'Or à — — | 13 | 5 | 0

	l.	s.	d.
Les Ecus à — — — — —	3	9	0
Le premier Juin les Loüis d'Or à — —	13	0	0
Les Ecus à — — — — —	3	8	0
Par Arrêts des 30. Novembre & 21. Decembre 1700. les Loüis d'Or ont été reduits au premier Janvier 1701. à — — — —	12	15	0
Les Ecus à — — — — —	3	7	0
Les Pieces de quatre sols à — — —	0	3	9
Le premier Avril ensuivant les Loüis d'Or à	12	10	0
Les Ecus à — — — —	3	6	0
Par Arrêt du 28. Juin 1701. les Loüis d'Or ont été reduits au premier Juillet à — —	12	0	0
Les Ecus à — — — —	3	5	0
Les demis, quarts & douziémes à proportion.			
Par Arrêt du 19. Septembre 1701. les Loüis d'Or ont été augmentez & ont eû cours dés ledit jour, pour — — — —	12	10	0
Les Ecus pour — — — —	3	7	6
Les demis, quarts & douziémes à proportion.			
Par la Declaration du 27. Septembre 1701. les Loüis d'Or ont été augmentez & ont eû cours pour — — — — —	13	0	0
Les Ecus pour — — — —	3	10	0
Les demis, quarts & douziémes à proportion.			
Les Pieces de trois sols neuf deniers pour —	0	4	0

EDIT.

EDIT DE SEPTEMBRE 1701.
Nouvelle Fabrication des Loüis & Ecus.

Loüis d'Or de 36. un quart au marc, du poids de 5. deniers 6. deniers.

Ecu de 9. au marc, du poids de 21. deniers.

Par Edit du mois de Septembre, & Declaration du 27. dudit mois 1701. les Loüis d'Or de nouvelle fabrication ou reformez, ont eû cours au 4. Octobre pour   -   -   -   14   -

Les Ecus pour   -   -   -   -   3   16

Par Arrêt du 29. Octobre 1701. les Loüis d'Or & les Ecus non reformez ont eû cours pendant les vingt premiers jours de Novembre seulement sur le pied de   -   -   -   13   -

Et les Ecus pour   -   -   -   3   10

Par la Declaration du 14. Mars 1702. les Pieces de quatre sols ont été reformées, & ont eû cours pour   -   -   -   -   -   5

Par Arrêt du 22. Août 1702. les Loüis d'Or ont été reduits au premier Septembre ensuivant à   13   15

Les Ecus à   -   -   -   3   14

Les Pieces de cinq sols à   -   -   -   4   10

Par Arrêt du 17. Octobre 1702. les Loüis d'Or ont été reduits au premier Janvier 1703. à   -   13   10

Les Ecus à   -   -   -   -   3   12

C

1702.
Reformation des Pieces de 4. sols.

Les Pieces de cinq sols à — — —	-	4	8
Les Pieces de quatre sols à — — —	-	3	11
Par la Declaration du 29. May 1703. il fut fabriqué des Pieces de dix sols, qui ont eû cours pour — — —	-	10	
Par Arrêt du 14. Juillet 1703. les Loüis d'Or ont été reduits au premier Août ensuivant à -	13	5	
Les Ecus à — — —	3	11	
Les Pieces de cinq sols reformées à —	-	4	9
Par Arrêt du 21. Août 1703. les Loüis d'Or ont été reduits, pour avoir cours au premier Octobre ensuivant à — — —	13	-	
Les Ecus à — — —	3	10	
Par Arrêt du 30. Octobre 1703. les Loüis d'Or & Ecus reformez, ou non reformez, ont continué d'avoir cours, conformément au précedent Arrêt : Mais les Pieces de quatre sols reformées ont été reduites à — — —	-	3	10
Par Arrêt du premier Avril 1704. les Loüis d'Or ont été reduits au premier May ensuivant à — — —	12	15	
Les Ecus à — — —	3	9	
Les demis, quarts, &c. à proportion.			
Les Pieces de cinq sols pour — —	-	4	6
Par le même Arrêt les Loüis d'Or ont été reduits au quinze May à — —	12	10	
Les Ecus à — — —	3	8	

EDIT DE MAY 1704.
Nouvelle Fabrication & Reformation des Loüis & Ecus.

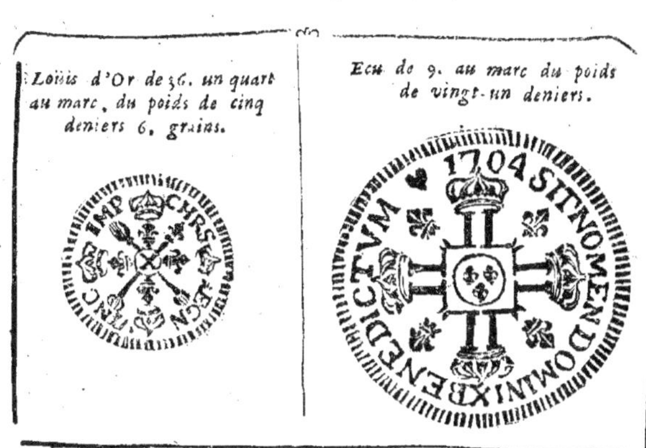

Par cét Edit, l'on a fabriqué des Especes, & reformé les anciennes.

Les Loüis d'Or ont eû cours pour - -	15	
Les Ecus pour - - - -	4	

Nota. *Que le premier Novembre* 1704. *les Especes non reformées ont été décriées dans le commerce; permis neanmoins de les mettre aux Hotels des Monnoyes & Bureaux de Sa Majesté sur le pied : Sçavoir,*

Les Loüis d'Or à - - - -	12	10
Les Ecus à - - - - -	3	8

Par Arrêt du 20. Janvier 1705. les Loüis d'Or neufs & reformez ont été diminuez de cinq sols, & ont eû cours le premier Fevrier pour   - -

	14	15
Les Ecus pour - - - -	3	19

Par Arrêt du 19. May 1705. les mêmes Loüis d'Or ont été reduits au premier Juillet ensuivant à   - - - - -

	14	10
Les Ecus à - - - -	3	18

	l.	s.	d.
Par Arrêt du 7. Juillet 1705. les mêmes Loüis d'Or ont été reduits, pour avoir cours au premier Septembre ensuivant à — — —	14	5	
Les Ecus à — — — —	3	17	6

Nota. Qu'au mois de Novembre 1705. les Especes non reformees ont été permises dans le commerce, & ont eû cours comme les nouvelles.

	l.	s.	d.
Par Arrêt du 17. Septembre 1705. les Loüis d'Or, tant vieux que neufs, ont été reduits pour avoir cours au premier Janvier 1706. à —	14		
Les Ecus à — — — —	3	16	
Le premier Mars 1706. les Loüis d'Or ont été reduits à — — — —	13	15	
Les Ecus à — — — —	3	14	
Par Arrêts des 25. May & 8. Juin 1706. les Loüis d'Or ont été reduits au premier Juillet ensuivant à — — — —	13	10	
Les Ecus à — — — —	3	12	
Les Pieces de dix sols à — — —	-	9	6
Par Arrêt du 27. Novembre 1706. les Loüis d'Or ont été reduits au premier Janvier 1707. à	13	5	
Les Ecus à — — — —	3	11	
Par Arrêt du 9. Août 1707. les Pieces de neuf sols six deniers ont été remises le quinze dudit mois à — — — —	-	10	
La Declaration du 9. Août 1707. ordonne la fabrication des Pieces de vingt sols —	1		
Par Arrêts des 31. Janvier & 14. Fevrier 1708. les Loüis d'Or ont été reduits pour avoir cours au premier Mars à — — —	13		
Les Pieces de vingt sols à — — —	-	18	
Celles de dix sols à — — —	-	9	
Le premier Avril 1708. les Ecus à — —	3	10	
Les Pieces de dix-huit sols à — —	-	17	
Les Pieces de neuf sols à — — —	-	8	6
Les Pieces de quatre sols six deniers à —	-	4	3
Par Arrêt du 17. Avril 1708. les Pieces de dix-sept sols ont été reduites au premier Juin à	-	16	

1707. Fabrication des Pieces de vingt sols (note marginale)

Les

	liv.	f.	d.
Les Pieces de huit fols fix deniers à	—	8	
Les Pieces de quatre fols trois deniers à	—	4	
Par Arrêt du 21. Juillet 1708. les Pieces de feize fols ont été reduites au premier Août enfuivant à	—	15	6
Les Pieces de huit fols à	—	7	9
Par Arrêt du 20. Novembre 1708. les Loüis d'Or ont été diminuez de cinq fols, & ont eû cours au premier Janvier 1709. pour	12	15	
Les Ecus pour	3	8	
Les Pieces de vingt fols pour	—	15	
Les Pieces de dix fols pour	—	7	6
Les Pieces de quatre fols pour	—	3	9
Par Arrêt du 19. Fevrier 1709. les Loüis d'Or ont été reduits au feize Mars enfuivant à	12	10	
Les Ecus à	3	5	
Les Pieces de vingt fols à	—	14	6
Les Pieces de dix fols à	—	7	3
Les Pieces de quatre fols à	—	3	6

Nota. Que depuis 1640. jufqu'à cette année 1709. les Loüis d'Or ont été de trente-fix un quart au marc, & les Ecus de neuf au marc.

Au mois d'Avril 1709. il y eût un Edit, qui ordonnoit une nouvelle fabrication de Loüis d'Or à feize livres dix fols, & les Ecus à quatre livres huit fols.

EDIT DE MAY 1709.
Nouvelle Fabrication d'Especes.

Le Roy a donné un autre Edit au mois de May 1709. qui a été enregistré en la Cour des Monnoyes le 14. dudit mois, qui a ordonné qu'il seroit fabriqué des Loüis d'Or à la marque de huit L. & un Soleil au milieu, du poids de 6. deniers 9. grains, à la taille de 30. au marc, & ont eû cours pour — 20 | -

Les doubles & demis à proportion.

Les Ecus de 8. au marc du poids de 23. deniers 18. grains, appellez les Ecus aux trois Couronnes pour — 5 | -

Par le même Edit, il a été ordonné que jusqu'à la fin d'Août 1709. les Loüis d'Or & les Ecus, Pieces de vingt sols & de dix sols, tant fabriquées que reformées, avant le present Edit, seroient reçûës & exposées : Sçavoir,

Les Loüis pour — 12 | 10

Les Ecus pour — 3 | 5

Les Pieces de vingt sols pour — - | 14 | 6

Les Pieces de dix sols pour — - | 7 | 3

Les Pieces de quatre sols pour — - | 3 | 6

Il fut défendu de recevoir lesdites Especes sur un plus haut pied, à peine de confiscation, comme il est plus amplement porté par ledit Edit.			
Par Arrêt du 14. May 1709. les anciens Loüis d'Or ont augmenté de dix sols, & ont eû cours pour	13	-	
Les anciens Ecus pour	3	10	
Les Pieces de vingt sols pour	-	14	6
Les Pieces de dix sols pour	-	7	3
Par Arrêt du 4. Juin 1709. les anciennes Especes ont augmenté pendant ledit mois : Sçavoir,			
Les anciens Loüis d'Or pour	13	5	
Les anciens Ecus pour	3	12	
Les Pieces de vingt sols pour	-	15	
Les Pieces de dix sols pour	-	7	6
Nota. Que toutes les anciennes Especes qui ont été fabriquées en France, ou dans les Pays étrangers, ont été decriées de tous cours.			
Par Arrêt du 28. Decembre 1709. lesdites Especes pouvoient être reçües dans les Bureaux des Recettes du Roy : SÇAVOIR,			
Les Loüis d'Or pour	13	10	
Les Ecus pour	3	13	
Par Edit du mois de Septembre 1709. il a été fabriqué des pieces de trente deniers qui ont eû cours pour	-	2	6
Et le premier Janvier 1710. jusqu'au seize, les Pieces de vingt sols ont été reduites à	-	14	6
Les pieces de dix sols à	-	7	3
Et depuis le seize Janvier jusqu'à la fin dudit mois, les Pieces de vingt sols ont valu	-	14	
Les pieces de dix sols	-	7	
Par Arrêt du 30. Septembre 1713. il a été ordonné des diminutions sur les Loüis d'Or de 30. au marc, & les Ecus de 8. au marc, fabriquez par l'Edit de May 1709. SÇAVOIR,			
Au premier Decembre 1713. les Loüis d'Or à	19	10	
Les Ecus à	4	17	6

	liv.	s.	d.
Au premier Fevrier 1714. les Loüis d'Or à -	19	10	
Les Ecus à - - - - - -	4	15	
Les demis, quarts, dixiémes, &c. à proportion.			

Nota. *Que par Arrêt du 3. Fevrier 1714. il a été fait défenses d'exposer les Especes de Billon, autrement qu'en détail, ni plus d'un trentiéme dans les payemens au dessus de dix livres, à peine de 3000. livres d'amende.*

	liv.	s.	d.
Au premier Avril 1714. les Loüis d'Or ont été reduits, suivant & conformement à l'Arrêt du 30. Septembre 1713. à - - -	18	10	
Les Ecus à - - - -	4	12	6
Les demis, quarts, &c. à proportion.			
Les Pieces de trente deniers à - -	-	2	3
Les Sols ou Douzains à - - -	-	1	5
Au premier Juin lesdits Loüis ont été reduits à	18	-	
Les Ecus à - - -	4	10	
Les demis, quarts, &c. à proportion.			
Les Pieces de trente deniers à - -	-	2	
Les Sols ou Douzains à - - -	-	1	3
Au premier Septembre lesdits Loüis d'Or à -	17	-	
Les Ecus à - - - -	4	5	
Les demis, quarts, &c. à proportion.			

Nota. *Que la diminution, qui par l'Arrêt du 30. Septembre 1713. avoit été indiquée pour Decembre, fut partagée moitié au quinze Octobre; & l'autre moitié au premier Decembre 1713. l'Arrêt du 30. Septembre au surplus executé.*

	liv.	s.	d.
Par Arrêt du 15. Août 1714. il fut ordonné que les Loüis d'Or de trente au marc n'auroient cours au quinze Octobre ensuivant que pour -	16	10	
Les Ecus de huit au marc pour - -	4	2	6
Et au premier Decembre lesdits Loüis que pour - - - - - -	16	-	
Et les Ecus pour - - -	4	-	

Par Arrêt du 8. Decembre 1714. il y eut quatre diminutions indiquées: Sçavoir,

Au premier Fevrier 1715. le Loüis d'Or a

été

	l.	s.	d.
été fixé à — — — — —	15	10	
L'Ecu à — — — —	3	17	6
Au premier Avril ensuivant, le Loüis à —	15		
L'Ecu à — — — —	3	15	
Au premier Juin les Loüis d'Or à — —	14	10	
Les Ecus à — — — — —	3	12	6
Et au premier Août les Loüis à — —	14		
Les Ecus à — — — —	3	10	

Cette diminution indiquée pour le premier Août, n'eut son execution que le premier Septembre 1715. conformément à l'Arrêt du 23. Juillet audit an.

Loüis XV. né le 15. Fevrier 1710. succeda à son Bisayeul le premier jour de Septembre 1715. (qui deceda à Versailles ledit jour entre 8. à 9. heures du matin) sous la Regence de M. le Duc d'Orleans, qui alla le lendemain 2. dudit mois au Parlement, accompagné des Princes & Seigneurs, où il fut declaré Regent.

Par Arrêt du 11. Octobre de la même année,

	l.	s.	d.
les Pieces de 24. deniers ont été reduites à — —	—	1	9
Les Douzains à — — — —	—	1	3

EDIT DE DECEMBRE 1715.
Réformation des Especes.

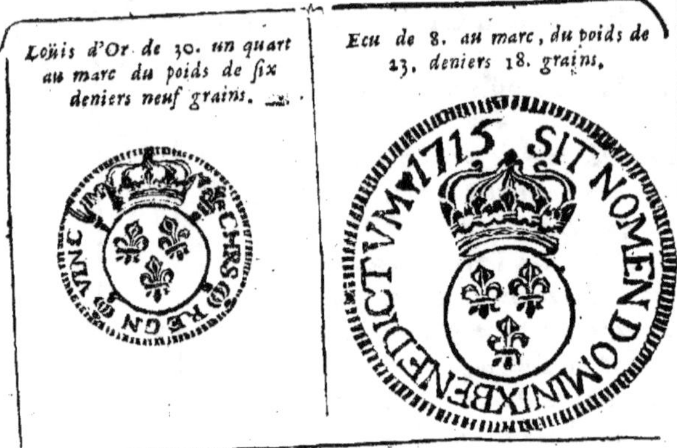

Par cét Edit il a été ordonné une reforme des Especes, fabriquées en consequence de l'Edit du mois de May 1709.

Les nouvelles Especes reformées ont eu cours dés ledit mois :   Sçavoir,

Les Loüis d'Or pour   -   -   -   20
Les Ecus pour   -   -   -   5

Les Especes non reformées ont été augmentées & ont eu cours :   Sçavoir,

Les Loüis d'Or pour   -   -   -   16
Les Ecus pour   -   -   -   4

EDIT DE NOVEMBRE 1716.
Nouvelle Fabrication de Loüis d'Or.

*Loüis d'Or de 20. au marc, du poids
de 9. deniers 14. grains.*

Par cèt Edit le Roy a ordonné une nouvelle fabrication de Loüis d'Or, du poids de 9. deniers 14. grains
à la taille de 20. au marc, qui ne devoient être fabriquez qu'à l'Hôtel de la Monnoye de Paris : Mais depuis par Arrêt du 18. Fevrier 1718. la fabrication en
fut permise dans les autres Monnoyes du Royaume, lefquels Loüis d'Or ont eu cours pour   -   -   30

Par le même Edit, il fut indiqué des diminutions
fur les Ecus non reformez : Sçavoir au premier Janvier
1717. pour   -   -   -   -   -   3 . 18   9
Les demis, quarts & douziémes à proportion.
Au premier Fevrier 1717. pour   -   -   3 . 15
Le premier Mars enfuivant, les Ecus non reformez pour   -   -   -   -   -   3 . 10

Par Arrêt du 30. Janvier 1717. il a été ordonné
que les Loüis d'Or de 20. livres, à la taille de 30. au
marc, ne pourroient être exposez dans le commerce que
jufqu'au 15. Fevrier dans la Ville & Election de Paris ; & dans tout le Royaume jufqu'à la fin dudit mois,
aprés quoy decriez : mais le cours en fut prorogé :
S Ç A V O I R,
Par deux Arrêts du 5. Mars 1717. dont le premier

ordonne que lesdits Loüis d'Or de 20. livres continuëront d'être reçûs à la Monnoye de Paris jusqu'au dernier dudit mois : & le second qui proroge jusqu'au premier May la diminution ordonnée sur les anciennes Especes d'Or & d'argent par l'Article IX. de l'Edit du mois de Novembre 1716.

L'Arrêt du 5. Avril 1717. proroge jusqu'à la fin dudit mois le cours des Loüis d'Or de 30. au marc.

Celuy du 24. dudit mois d'Avril proroge jusqu'au premier Juillet la diminution des Ecus à reformer, & celles des matieres d'Or & d'Argent ordonnée par l'Article IX. de l'Edit de Novembre 1716.

L'Arrêt du 19. Juin 1717. proroge jusqu'au premier Septembre la diminution qui avoit été indiquée par l'Arrêt du 24. Avril.

Celuy du 31. Août 1717. proroge jusqu'au premier Decembre audit an, la diminution indiquée au premier Septembre precedent, sur lesdites anciennes Especes.

L'Arrêt du 27. Novembre 1717. proroge jusqu'au premier Fevrier 1718. la diminution indiquée au premier Decembre 1717.

Et celuy du 22. Janvier 1718. proroge jusqu'au premier Juin audit an, la diminution indiquée par l'Arrêt du 27. Novembre 1717.

Par Arrêt du 12. Fevrier 1718. il fut permis de porter aux Hôtels des Monnoyes les Especes non reforformées avec des Billets d'Estat, ou des Receveurs generaux, jusqu'à la concurrence d'un sixiême.

Par Arrêt du 26. Fevrier. 1718. les Loüis d'Or fabriquez & reformez à la taille de 30. au marc, ont été reçûs dans les Bureaux des Recettes de Sa Majesté seulement jusqu'au premier Avril pour   –   – | 18

Ceux de 36. un quart au marc pour   –   – | 15

Les Ecus de 8. au marc pour   –   – | 4 | 10

Ceux de 9. au marc pour   –   – | 4

Les demis, quarts, &c. à proportion.

Par Arrêt du 19. Mars 1718. les anciennes Especes d'Or & d'Argent non reformées, ont continué d'être *d'être reçûës dans les Hôtels des Monnoyes jusqu'au premier Juin, avec un cinquiéme en sus de Billets d'Estat, ou des Receveurs generaux.*

Par autre Arrêt dudit jour 19. Mars, les Especes non reformées ont été reçûës à la piece pendant les mois d'Avril & May, pour toutes les Impositions & Droits de Sa Majesté, sur le pied fixé par l'Arrêt du 26. Fevrier 1718.

Par autre Arrêt du 16. May 1718. la permission de porter un cinquiéme en sus des Billets d'Estat, Billets des Receveurs generaux des Finances & de leurs Caisses communes, ou de leurs interêts desdits Billets, conformément aux Arrêts des 12. & 26. Fevrier precedens, fut prorogée jusqu'à la fin de Juillet.

Et par autre Arrêt du même jour 16. May, il a été ordonné que les anciennes Especes a'Or & d'Argent seroient reçûës a la piece en payement de toutes les Impositions & Droits de Sa Majesté durant les mois de Juin & Juillet.

EDIT DE MAY 1718.
Reformation generale des Especes.

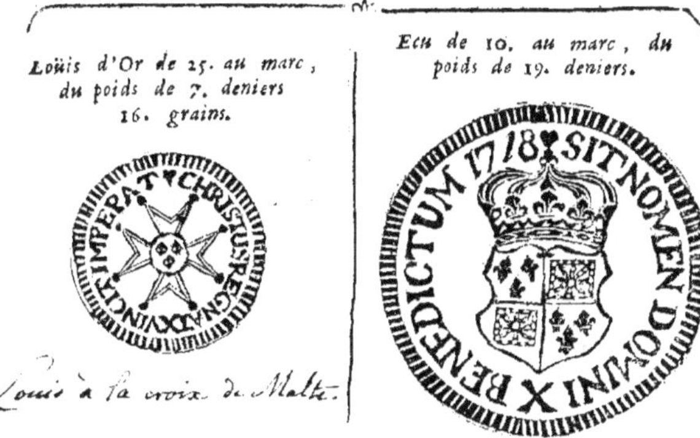

Loüis d'Or de 25. au marc, du poids de 7. deniers 16. grains.

Ecu de 10. au marc, du poids de 19. deniers.

Loüis à la croix de Malte.

Par cét Edit, il a été ordonné une refonte generale; les Loüis d'Or ont été fabriquez à la taille de 25. au marc, du poids de 7. deniers 16. grains, & les Ecus à

F

la taille de 10. *au marc du poids de* 19. *deniers, &*
ont eu cours :   Sçavoir,

	l.	s.	d.
Les Loüis d'Or pour	36		
Et les Ecus pour	6		

Par le même Edit, il a été ordonné que toutes les
anciennes Especes d'Or & d'Argent auroient cours,
S ç A V O I R,

	l.	s.	d.
Les Loüis d'Or de 20. au marc fabriquez par Edit de Novembre 1716. pour	36		
Les Loüis d'Or de 30. au marc fabriquez par les Edits des mois de May 1709. & Decembre 1715. pour	24		
Les anciens Loüis d'Or de 36. un quart au marc pour	19	12	
Les Ecus de 8. au marc pour	6		
Ceux de 9. au marc pour	5	6	
Les Sols marquez pour	-	1	6
Les Pieces de 30. deniers pour	-	2	3

Par le même Edit du mois de May 1718. *enregiſtré*
en la Cour des Monnoyes le 31. *dudit mois, les anciennes*
Especes d'Or & d'Argent ont été reçües aux Hôtels des
Monnoyes avec les 2. *cinquiémes en ſus en Billets d'Eſtat.*

Par Arrêt du 17. *Juillet* 1718. *il a été ordonné*
que les anciennes Especes d'Or & d'Argent continüe-
roient d'avoir cours dans les Villes où il y a Monnoye
pendant le mois d'Août ſur le pied porté par l'Article
X. *de l'Edit du mois de May précedent.*

Par Arrêt du 20. *Août* 1718. *les anciennes Especes*
d'Or & d'Argent ont demeuré decriées & hors de cours
au premier Septembre, & neanmoins ont pû être données
en payement de toutes Impoſitions :   Sçavoir,

	l.	s.	d.
Les Loüis d'Or à la taille de 20. au marc pour	36		
Ceux de 30. au marc pour	24		
Et ceux de 36. un quart au marc pour	19	12	
Les Ecus de 8. au marc pour	6		
Et ceux de 9. au marc pour	5	6	

Les doubles, demis, quarts, dixiémes, &

vingtiémes defdites Efpeces d'Or & d'Argent à proportion, & ont été reçûës fur le pied cy-deffus aux Hôtels des Monnoyes lors qu'elles y ont été portées fans Billets d'Eftat.

Par Arrêt du 20. Septembre 1718. les Ecus de 8. au marc ont eu cours pendant le mois d'Octobre pour — — — — 6

Et les Ecus de 9. au marc ont été decriez ; permis neanmoins de les porter à la Monnoye.

Par Arrêt du 20. Octobre 1718. les Ecus de 8. au marc ont été décriez ; permis neanmoins de les donner en payement aux Bureaux des Recettes du Roy : les demis, quarts, &c. ont eu cours dans le public pendant le mois de Novembre, à proportion de fix livres l'Ecu.

Par Arrêt du 20. Novembre 1718. les demis, quarts, dixiémes & vingtiémes d'Ecu de 8. au marc, ont eu cours dans le commerce pendant Decembre fur le même pied de fix livres l'Ecu.

Par Arrêt du 19. Decembre 1718. les demis, quarts d'Ecu de 8. au marc ont eu cours pendant Janvier fur le pied porté par l'Arrêt du 20. Septembre précedent.

Par la Declaration du 19. Decembre 1718. il a été fabriqué des Sixiémes & Douxiémes d'Ecus à la taille de dix au marc du titre porté par l'Edit du mois de May audit an, lefquels ont eu cours à proportion de ce que lefdits Ecus valoient pour lors : Sçavoir,

Les Sixiémes pour — — — — 1 — 10

Et les Douziémes pour — — — — — 10

Par Edit de May 1719. il a été fabriqué des Pieces de 12. deniers & de 6. deniers.

Par Arrêt du 7. May 1719. les Loüis d'Or à la taille de 25. au marc, fabriquez en confequence de l'Edit du mois de May 1718. ont été diminuez de 20. fols, & ont eu cours ledit jour pour — — — 35

Par Edit de Juillet 1719. il a été fabriqué des Pieces de trois deniers.

Par Arrêt du 25. Juillet 1719. les Loüis

d'Or de 25. au marc ont été reduits à   —   —   34 | =

Par Arrêt du 3. Août 1719. il a été fait une reduction du prix des anciennes Eſpeces & matieres d'Or à diminuer de mois en mois juſques & compris le premier Novembre ; & cét Arrêt a ordonné qu'à commencer au 15. Septembre, les Ecus ne ſeroient plus reçûs à la Monnoye qu'au marc.

Par Arrêt du 23. Septembre 1719. les Loüis d'Or de 25. au marc ont été reduits juſqu'au 3. Decembre enſuivant à   —   —   —   33 | -

Les Ecus de dix au marc à   —   —   —   5 | 16

Les demis, quarts, &c. à proportion.

Par Arrêt du 3. Decembre 1719. les Loüis d'Or de 25. au marc, depuis ledit jour juſqu'au premier Janvier 1720. n'ont eu cours que pour -   32 | -

Les Ecus de 10. au marc que pour   —   —   5 | 12

Le premier Janvier 1720. juſqu'au 26. du même mois, les Loüis d'or de 25. au marc n'ont eu cours que pour   —   —   —   —   31 | -

Les Ecus de 10. au marc que pour   —   —   5 | 8

Par Arrêt du 10. Decembre 1719. les ſixiémes ou douziémes d'Ecus de 10. au marc, qui avoient cours lors dudit Arrêt pour 20. ſols & 10. ſols, ont été reduits :   Sçavoir,

Les Sixiémes d'Ecu pour   —   —   —   — | 18

Les Douziémes pour   —   —   —   — | 9

EDIT DE DECEMBRE 1719.
Fabrication des Livres d'Argent fin.

Livre d'Argent de 12. deniers de fin à la taille de 65. un onzième par marc.

Par *Edit de Decembre* 1719. *il a été fabriqué des Livres d'Argent fin, qui ont eu cours pour* — —

Par Arrêt du 22. *Janvier* 1720. *les Especes ont été augmentées & ont eu cours :*	1		

SÇAVOIR,

Les Loüis d'Or de 25. au marc pour —	36		
Ceux de 20. au marc pour — — —	45		
Ceux de 30. au marc pour — — —	30		
Ceux de 36. un quart au marc pour — —	24	12	
Les Ecus de 10. au marc pour — —	6		
Les Ecus de 8. au marc pour — —	7	10	
Les anciens Ecus des precedentes fabrications de 9. au marc pour — — — —	6	13	4

Les demis, quarts, &c. à proportion.

Par les Arrêts des 28. *&* 31. *Janvier &* 3. *Fevrier* 1720. *les Especes ont été reduites :*

SÇAVOIR,

Les Loüis de 25. au marc à — —	34		
Les Loüis de 20 au marc à — — —	42	10	
Ceux de 30. au marc à — — —	28	6	8
Ceux de 36. un quart au marc à — —	23	9	
Les Ecus de 10. au marc à — — —	5	13	6
Les Ecus de 8. au marc à — — —	7	1	8
Les Ecus de 9. au marc à — — —	6	6	

G

Dans les Monnoyes le marc d'Or à   900. liv.
Le marc d'Argent à   60. livres.

Par Arrêt du 25. Fevrier 1720. les Especes ont été augmentées & ont eu cours :   Sçavoir,

	liv.	s.	d.
Les Loüis d'Or de 25. au marc pour	36		
Ceux de 20. au marc pour	45		
Ceux de 30. au marc pour	30		
Ceux de 36. un quart au marc pour	24	12	
Les Ecus de 10. au marc pour	6		
Les Ecus de 8. au marc pour	7	10	
Les Ecus de 9. au marc pour	6	13	4
Les Pieces de 30. deniers pour		3	
Les Sols marquez pour		2	
Les Sols de billon pour		2	

Les demis, quarts, &c. à proportion.

Par l'Arrêt du 27. Fevrier 1720. il fut fait défenses d'avoir plus de 500. chiZ soy.

Par Arrêt du 5. Mars 1720. les Especes ont été augmentées & ont eu cours :   Sçavoir,

	liv.	s.	d.
Les Loüis d'Or de 25. au marc pour	48		
Ceux de 20. au marc pour	60		
Ceux de 30. au marc pour	40		
Ceux de 36. un quart au marc pour	32	16	
Les Ecus de 10. au marc pour	8		
Les Ecus de 8. au marc pour	10		
Les Ecus de 9. au marc pour	8	17	9
Les sixiémes d'Ecus pour	1	10	
Les Livres d'Argent pour	1	10	
Les douziémes d'Ecus pour		15	

Par la Declaration du 11. Mars 1720. les Especes ont été reduites le premier Avril enfuivant :

SÇAVOIR,

	liv.	s.	d.
Les Loüis d'Or de 25. au marc à	36		
Ceux de 20. au marc à	45		
Ceux de 30. au marc à	30		
Ceux de 36. un quart au marc à	24	12	

Le marc d'Or reduit à   900. liv.
Et le marc d'Argent à   60. liv.

Les Especes d'Or interdites dans le Commerce ; permis de les porter dans le mois d'Avril seulement a la Monnoye, à raison du marc de 750. liv.

	livres	sols	deniers
Et les Ecus de 10. au marc à — — —	7		
Les demis, quarts, &c. à proportion.			
Ceux de 8. au marc à — — —	8	15	
Les demis, quarts, &c. à proportion.			
Ceux de 9. au marc à — — —	7	15	
Les demis, quarts, &c. à proportion.			

Pendant le mois de May, les Especes d'Argent, suivant ladite Declaration du 11. Mars, ont eu cours :

SÇAVOIR,

	livres	sols	deniers
Les Ecus de 10. au marc pour — —	6	10	
Ceux de 8. au marc pour — — —	8	2	6
Ceux de 9. au marc pour — — —	7	4	
Les Pieces de 20. sols & les liv. d'argent pour -	1	7	6
Les Pieces de 10. sols pour — —	-	13	9

Pendant Juin lesdites Especes, suivant ladite Declaration du 11. Mars, ont été reduites & ont eu cours :

SÇAVOIR

	livres	sols	deniers
Les Ecus de 10. au marc pour — —	6		
Ceux de 8. au marc pour — — —	7	10	
Ceux de 9. au marc pour — — —	6	13	4
Les Pieces de 20. sols & les Livres d'Argent pour — — — — — — —	1	5	
Les Pieces de 10. sols pour — —	-	12	6

Par Edit du mois de Mars 1720. il fut ordonné une fabrication de Loüis d'Argent pour 3. liv. qui commencerent à diminuer au premier May, & n'eurent cours que pour — — — — — — | 2 | 15 |

Par Arrêt du 29. May 1720. les Especes ont été augmentées & ont eu cours, à commencer du jour de la publication jusqu'à la fin de Juin : Sçavoir,

	livres	sols	deniers
Les Loüis d'Or de 25. au marc pour —	49	10	
Ceux de 20. au marc pour — — —	61	17	6
Ceux de 30. au marc pour — —	41	5	
Ceux de 36. un quart au marc pour —	33	16	
Les Ecus de 10. au marc pour — —	8	5	

1720.
Fau... en
des L uis
d'Argent
pour 3. liv.

Les Ecus de 8. au marc pour — —	10	6	
Les Ecus de 9. au marc pour — —	9	2	
Les Pieces de 20. ſols & les Livres d'Argent pour — — — — —	1	7	6
Les Pieces de 10. ſols pour — —	—	13	9

L'Arrêt du premier Juin 1720. leve les défenſes portées par celuy du 23. Fevrier précedent, d'avoir chez ſoy de l'argent au deſſus de 500. livres.

Par Arrêt du 10. Juin 1720. les Eſpeces ont été reduites, à commencer au premier Juillet juſqu'au 16. dudit mois : Sçavoir,

Les Loüis d'Or de 25. au marc à — —	45		
Ceux de 20. au marc à — — —	56	5	
Ceux de 30. au marc à — — —	37	10	
Ceux de 36. un quart au marc à — —	30	15	
Les Ecus de 10. au marc à — — —	7	10	
Les Ecus de 8. au marc à — — —	9	7	6
Les Ecus de 9. au marc à — — —	8	6	
Les Loüis d'Argent à — — —	2	10	
Les Livres d'argent & ſixiémes d'Ecu à —	1	5	
Les douziémes d'Ecu à — — — —	—	12	6

Le 16. de Juillet les Eſpeces ont été reduites :
SÇAVOIR,

Les Loüis d'Or de 25. au marc à — —	40	10	
Ceux de 20. au marc à — — —	50	12	
Ceux de 30. au marc à — — —	33	15	
Ceux de 36. un quart au marc à — —	27	12	
Les Ecus de 10. au marc à — —	6	15	
Les Ecus de 8. au marc à — — —	8	8	9
Les Ecus de 9. au marc à — —	7	10	
Les Loüis d'Argent à — — —	2	5	
Les Livres d'argent & ſixiémes d'Ecus à —	1	2	6
Les demis à — — — —	—	11	3

Par Arrêt du 30. Juillet 1720. les Eſpeces d'Or & d'Argent ont été augmentées & ont eu cours :
SÇAVOIR,

Les Loüis d'Or de 25. au marc pour —	72		
Ceux de 20. au marc pour —	90		

Ceux

	l.	s.	d.
Ceux de 30. au marc pour — — —	60		
Ceux de 36. un quart au marc pour —	49	12	
Les Ecus de 10. au marc pour — — —	12		
Les demis, quarts, &c. à proportion.			
Les Ecus de 8. au marc pour — —	15		
Les demis, quarts, &c. à proportion.			
Les Ecus de 9. au marc pour — — —	13	6	8
Les Loüis d'Argent pour — — —	4		
Les Livres d'Argent & sixiémes d'Ecus pour	2		
Les demis pour — — — —	1		

Par Arrêt du 31. *Juillet* 1720. les *Pieces cy-devant fabriquées pour* 30. *deniers , ont été augmentées & ont eu cours pour* — — — —

	l.	s.	d.
cours pour — — — —	-	5	
Les Pieces de Billon , ou Sols marqués pour -		3	6
Les Sols de Cuivre pour — — —	-	2	8
Les Pieces de deux Liards pour — —	-	1	4
Les Liards pour — — — —			8

Par l'*Arrêt cy-dessus du* 30. *Juillet* 1720. il a été indiqué des diminutions sur les Especes , lesquelles ont eu leur execution. *Sçavoir.*

Au premier *Septembre*

	l.	s.	d.
Les Loüis d'Or de 25. au marc ont été reduits à — — — — —	63		
Ceux de 20. au marc à — — —	78	15	
Ceux de 30. au marc à — — —	52	10	
Ceux de 36. un quart au marc à — —	43	8	
Les Ecus de 10. au marc à — — —	10	10	
Ceux de 8. au marc à — — —	13	2	6
Ceux de 9. au marc à — — —	11	13	4
Les Loüis d'Argent à — — —	3	10	
Les Livres d'Argent & Sixiémes d'Ecus à -	1	15	
Les demis à — — — —	-	17	6

Au *seiziéme Septembre*

	l.	s.	d.
Les Loüis d'Or de 25. au marc à — —	54		
Ceux de 20. au marc à — — —	67	10	
Ceux de 30. au marc à — — —	45		
Ceux de 36. un quart au marc à — —	37	4	
Les Ecus de 10. au marc à — — —	9		

Valeur des Especes

	l.	s.	d.
Ceux de 8 au marc à	11	5	
Ceux de 9. au marc à	10	-	
Les Loüis d'Argent à	3	-	
Les Livres d'Argent & Sixiémes d'Ecus à	1	10	
Les demis à	-	15	

Au premier Octobre

	l.	s.	d.
Les Loüis d'Or de 25. au marc à	45		
Ceux de 20. au marc à	56	5	
Ceux de 30. au marc à	37	10	
Ceux de 36. un quart au marc à	31	-	
Les Ecus de 10. au marc à	7	10	
Ceux de 8. au marc à	9	7	6
Ceux de 9. au marc à	8	6	8
Les Loüis d'Argent à	2	10	
Les Livres d'Argent & Sixiémes d'Ecus à	1	15	
Les demis à	-	12	6
Par Arrêt du 21. Septembre 1720. les Pieces dites de 30. deniers ou mousquetaires ont été reduites à	-	3	9
Les Sols marqués à	-	2	8
Les Sols de cuivre à	-	2	
Les demis à	-	1	
Les Liards à	-	-	6

EDIT DE SEPTEMBRE 1720.
Reformation des Loüis d'Or & Ecus.

Par cet Edit il fut ordonné que les Loüis de 25. au marc seroient reformez & auroient cours pour — 54

Les Ecus de 10. au marc furent reformez & eurent cours pour - - - 9

Les Loüis d'Argent reformez pour - - 3

Les demis, tiers, &c. à proportion.

Par Arrêt du 24. Octobre 1720. les diminutions indiquées pour le premier de Novembre n'ont eu lieu qu'au premier Decembre, auquel jour les anciennes & nouvelles Especes ont été reduites. Sçavoir.

Les anciens Loüis d'Or de 25. au marc à —	36	
Ceux de 20. au marc à	45	
Ceux de 30. au marc à	30	
Ceux de 36. un quart au marc à	24	12
Les anciens Ecus de 10. au marc à	6	
Ceux de 8. au marc à	7	10
Ceux de 9. au marc à	6	12
Les Livres d'Argent & sixiémes d'Ecu à	1	
Les pieces de 10. sols à	—	10

Les Especes fabriquées ou reformées, en consequence de l'Edit de Septembre 1720. ont ete reduites ledit jour premier Decembre, Sçavoir,

	l.	s.	d.
Les Loüis d'Or de 25. au marc à l'Empreinte de deux L. à	45		
Les Ecus de 10. au marc à l'Empreinte de l'Ecusson de France à	7	10	
Les Loüis d'Argent à la même Empreinte à	2	10	
Par Arrêt du 24. Novembre 1720. les pieces dites de 30. deniers furent reduites ledit jour à			3
Les Sols marqués à		2	3
Les Sols de cuivre à		1	8
Les demis & pieces de deux liards à			10
Les quarts & liards à			5
Par Arrêt du 30. Avril 1721. les Sols de Cuivre furent reduits à		1	6
Les demis Sols de cuivre à			9
Les quarts & liards du jour de la publication à			4
Par Arrêt du 3. Juin 1721. les Sols ou Douzains furent reduits à		2	1
Par Arrêt du 5. Août 1721. les Sols furent reduits à		1	4
Les demis Sols à			8
Les liards de France à			4
Par Arrêt du 21. Juillet 1723. les Loüis d'Or de 25. au marc fabriquez & reformez en execution de l'Edit du mois de Septembre 1720. qui avoient cours pour 45. livres, ont été reduits à	44		
Les doubles & demis à proportion.			
Les Sols ou douzains pour		2	

Les Especes d'Argent ont continué d'avoir cours conformément à l'Arrêt du 24. Octobre 1720. ainsi que la valeur des matieres d'Or & d'Argent & Especes non reformées.

Par ledit Arrêt du 21. Juillet, il a été ordonné qu'en portant aux Hôtels des Monnoyes un huitieme en certificats de liquidation, & sept-huitiemes en matieres d'Or & d'Argent

gent

gent ou Efpeces non reformées, la valeur du Total y feroit
payée comptant en Efpeces fabriquées par l'Edit de Septembre 1720. les Loüis d'Or de 25. au marc fabriquez en execution de l'Edit du mois de May 1718. y ont été reçûs à la
piece fur le pied de   -   -   -   -   36

Les Ecus de 10. au marc de la même fabrication fur le pied de   -   -   -   -   6

Les demis, quarts & fixiémes à proportion.

Et lorfque les Efpeces & matieres ont été portées aux
Monnoyes fans certificats de liquidation, elles y ont été reçûës fur le pied :   S'çavoir.

Le marc d'Or à   -   945. livres
Et le marc d'Argent à   -   63. livres

Les Loüis d'Or de 25. au marc, & les Ecus de 10. au
marc fabriquez en execution de l'Edit de May 1718. y ont
été reçûs à la piece à raifon de 37. livres 16. fols le Loüis
d'Or, & de 6. livres 6. fols : l'Ecu, les demis, quarts &
fixiémes à proportion.

Par Arrêt au 5. Août 1723. les Loüis d'Or fabriquez
ou reformez en execution de l'Edit du mois de Septembre
1720. du poids de 7. deniers 16. grains qui eft celuy qu'ils
devoient avoir au fortir de la fabrique, furent reçûs fans
diminution dans les payemens fur le pied de fept deniers 15.
grains trebuchans, & à 7. deniers 14. grains trebuchans
ils ont eu feulement cours pour 44. livres donnant 5. Sols
pour le foiblage, ceux de moindre poids furent decriez de
tout cours & portez aux Hôtels des Monnoyes, où ils y ont
été payez fur le pied de 900. livres le marc, en y portant un
huitieme en certificat de liquidation, & fur le pied de 940.
livres fans aucuns certificats de liquidation.

EDIT D'AOUST 1723.
Fabrication des Loüis d'Or.

Loüis d'Or de 37. & demy au marc, du poids de 5. deniers 2. grains.

Par cét Edit, il fut ordonné qu'il seroit fabriqué des Loüis d'Or à la taille de 37. & demy au marc, du poids de 5. deniers 2. grains, qui ont eu cours pour   —   —   27

Les doubles & demy à proportion.

Il a été ordonné par le même Edit que les Ecus de 10. au marc, fabriquez & reformez par l'Edit du mois de Septembre 1720. du même poids & titre que ceux fabriquez par l'Edit du mois de May 1718. qui avoient cours pour 7. livres 10. sols, seroient reduits à   —   —   6 | 18

Les tiers, demis, &c. à proportion.

Le même Edit a augmenté les Ecus de 10. au marc non reformez, pour avoir cours dans le Commerce sur le pied de ceux cy-dessus, pour   —   —   —   6 | 18

Les demis tiers, &c. à proportion.

Et les Loüis d'Or de 25. au marc du poids de 7. deniers 15. grains trebuchans, ont eu cours pour   —   39 | 12

Les Loüis d'Or de 7. deniers 14. grains trebuchans pour   —   —   —   —   39 | 7

Les demis à proportion : & ce jusqu'au premier Decembre 1723. passé lequel tems, decriez & hors de cours.

Prix de l'Or & de l'Argent porté à la Monnoye & au Change.

Marc d'Or. - { 997 liv. ẛ les 4. den. déduits
980 liv. 7 ſols 8. deniers.
Marc d'Argent. { 68 liv. ẛ Au Change 66 livres
17 ſols 4. deniers.

L'Arrêt du 30. *Novembre* 1723. *proroge le cours des Ecus de* 10 *au marc: Les tiers, ſixiémes & douziémes à proportion de* 6. *livres* 18. *ſols l'Ecu.*

Par Arrêt du 4. *Fevrier* 1724. *les Loüis d'Or de* 37 *& demy au marc furent réduits de* 27. *liv. à* -   24

Les Ecus de 10. au marc de 6. liv. 18. ſols à -   6   3

Les demis, quarts, &c. à proportion.

Marc d'Or à   885. livres.

Marc d'Argent à   60. liv. 10. ſols.

Par Arrêt du 27. *Mars* 1724. *les Loüis d'Or de* 37. *& demy au marc ont été reduits à* - - -   20

Les Ecus de 10 au marc à - - -   5

Les demis, tiers, &c. à proportion.

Marc d'Or à   735. livres.

Marc d'Argent à   49. livres.

Les Pieces dites de 30 *deniers ou Mouſquetaires, qui avoient cours pour trois ſols, ont été reduites par ledit Arrét à* - - - - -   -   2   3

Les Sols ou Douzains à - - -   -   1   6

Les Sols de cuivre à - - -   -   1

Les Liards à - - - -   -   3

Par Arrêt du 22. *Septembre* 1724. *les Loüis de* 37 *& demy au marc furent reduits de* 20. *liv. à* -   16

Les doubles & demis à proportion.

Les Ecus de dix au marc de cinq liv. à -   4

Les demis, quarts, &c. à proportion.

Les Loüis & les Ecus des anciennes fabrications ont été reçûs à l'Hôtel des Monnoyes ſur le pied d'un cinquiéme de diminution du prix reglé par l'Arrêt du 27. *Mars précedent.*

EDIT DE SEPTEMBRE 1724.
Fabrication des Ecus.

*Ecu de 10. trois huitiémes au marc, du poids
de 18. deniers 12. grains.*

Par cét Edit, il a été fabriqué des Ecus de 10.
trois huitiémes au marc, qui ont eu cours pour - - 4

Les quarts, dixiémes, à proportion.

Les *Arrêts des* 16. *Janv.* & 24. *Juil.* 1725. *donnent cours
aux Ecus de dix au marc, fabriquez ou reformez par les
Edits des mois de May* 1718. & *Septembre* 1720. *juſqu'au premier Novembre, ſur le pied de* 4. *liv. l'Ecu.*

Les tiers, ſixiémes, &c. à proportion.

Par Arrêt du 4. *Decembre* 1725. *les Loüis d'Or de*
37 & *demy au marc,* & *les Ecus de* 10 & *de* 10. *trois
huitiémes au marc, ont été reduits au premier Janvier*
1726.   SÇAVOIR,

Les Loüis d'Or de 37 & demy au marc de 16.
livres à   -   -   -   -   -   14

Les doubles & demis à proportion.

Les Ecus de 10. & de 10. trois huitiémes au
marc de 4. livres à   -   -   -   -   3 10

Les demis, tiers, quarts, &c. à proportion.

*Le marc des Loüis d'Or decriez, des Piſtoles d'Eſ-
pagne, des Millerets,* & *des Guinées d'Angleterre à*
514. *livres* 10. *ſols.*

Le

Le marc des Ecus de France decriez, des Piaftres &
Reaux d'Efpagne, & les Ecus d'Angleterre à   35.
livres 12. fols 3. deniers.

EDIT DE JANVIER 1726.
Refonte generale des Efpeces d'Or & d'Argent.

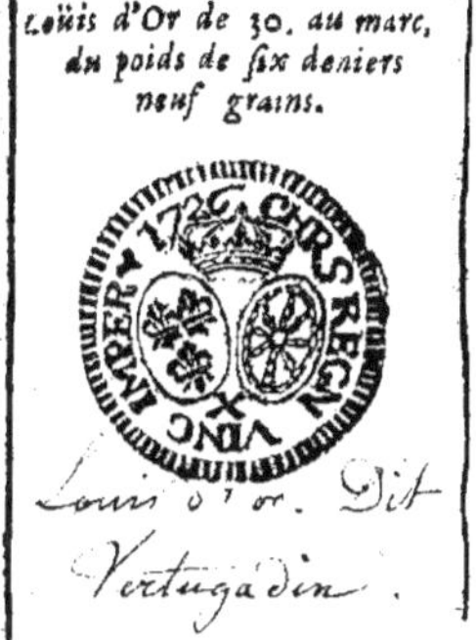

Loüis d'Or de 30. au marc,
du poids de fix deniers
neuf grains.

Ecu de huit & trois dixiémes au
marc, du poids de 23. deniers
un grain.

Par cet Edit, il a été fabriqué des Loüis d'Or à la
taille de trente au marc, du poids de 6. deniers 9. grains,
qui ont eu cours pour   -   -   -   -   20
  Les doubles & demis à proportion.
  Et des Ecus à la taille de 8. & trois dixiémes
au marc, du poids de 23. deniers un grain, qui
ont eu cours pour   -   -   -   -   5
  Les demis, cinquiémes, dixiémes & vingtiémes à proportion.
  Il a été ordonné par le même Edit que toutes les anciennes Efpeces d'Or & d'Argent feroient decriées de
tout cours, à commencer du jour de fa publication lef-
quelles Efpeces ont été reçûës aux Hôtels des Monnoyes
fur le pied :   Sçavoir,
  Le marc d'Or à   492. livres.
  Et le marc d'Argent à   34. livres.
  Le même Edit a donné cours dans le Commerce de-

puis le premier Fevrier jusqu'au dernier Avril audit an, aux Loüis d'Or de 37. & demy au marc, & aux Ecus de 10. & 10. trois huitiémes au marc :

SÇAVOIR,

Les Loüis d'Or de 37. & demy au marc pour   -   -   -   -   -   -   **12**

Et les Ecus de 10. & 10. trois huitiémes au marc pour   -   -   -   -   **3**

Les demis, quarts, &c. à proportion.

Par le même Edit, il a été permis de porter les anciennes Especes d'Or & d'Argent aux Recettes de Sa Majesté, pendant les mois de Fevrier, Mars & Avril 1726. & y ont été reçûës sur le pied :

SÇAVOIR,

Les Loüis d'Or de 36. un quart au marc pour   -   -   -   -   -   **13   7**

Ceux de 30. au marc pour   -   -   -   **16   4**

Ceux de 20. au marc pour   -   -   **24   6**

Ceux de 25. au marc pour   -   **19   8**

Et ceux de 37. & demy au marc pour   -   **12   18**

Les doubles & demis à proportion.

Les Ecus de 9. au marc pour   -   -   **3   14**

Ceux de 8. au marc pour   -   -   -   **4   3   6**

Ceux de 10. au marc pour   -   -   **3   6**

Et ceux de 10. trois huitiémes au marc pour -   **3   4**

Les demis, quarts, &c. à proportion.

Par Arrêt du 2. Mars 1726. il a été ordonné qu'il ne pourra être transporté hors des Villes où il y a Hôtel des Monnoyes, aucunes autres Especes d'Or & d'Argent que celles fabriquées en conséquence de l'Edit du mois du Janvier precedent.

L'Arrêt du 30. Avril 1726. proroge les diminutions ordonnées par les Articles IV. V. & VI. de l'Edit du mois de Janvier precedent.

Par Arrêt du 26. May 1726. les Especes de la dernier fabrication ordonnée par l'Edit du mois de Janvier dernier, ont été augmentées :   Sçavoir,

Les Loüis d'Or de 30. au marc pour   =   **24**

	l.	s.	d.
Les Ecus de 8. & 3. dixiémes au marc pour –		6	
Les demis & autres diminutions de l'Ecu à proportion.			

Qu'à commencer du jour de la publication dudit Arrêt toutes les anciennes Especes d'Or & d'Argent fabriquées dans les Hôtels des Monnoyes, seront reçûes dans les Bureaux des Recettes de Sa Majesté :

S ç A V O I R ,

	l.	s.	d.
Les Loüis d'Or de 36. un quart au marc pour – – – – – – –	17	6	
Ceux de 30. au marc pour – – –	21		
Ceux de 20. au marc pour – – –	31	10	
Ceux de 25. au marc pour – – –	25	4	
Et ceux de 37. & demy au marc pour –	16	16	
Les Ecus de 9. au marc pour – –	4	15	
Ceux de 8. au marc pour – –	5	7	
Ceux de 10. au marc pour – –	4	5	6
Et ceux de 10. trois huitiémes au marc pour –	4	3	6

Les diminutions desdits Loüis & Ecus à proportion.

En execution dudit Arrêt, le marc des anciennes Especes a été reçû aux Hôtels des Monnoyes sur le pied :

S ç A V O I R :

Le marc des anciens Loüis d'Or à 637 livres 10. sols.

Et le marc des anciens Ecus à 44. livres.

	l.	s.	d.
Par Arrêt du 8. Juin 1726. les Sols qui étoient à 18. deniers ont été augmentez pour – – –	–	1	9
Les Pieces dites de 30. den. ou Mousquetaires à	–	2	6
Les demis à proportion.			

Par Arrêt du 15. Juin 1726. le marc des anciens Loüis d'Or a été fixé pour être reçû anx Hôtels des Monnoyes jusqu'au premier Janvier 1727. à raison de 678. livres 15. sols.

Et le marc des anciens Ecus à 46. livres 18. sols.

Ledit Arrêt ordonne que les anciennes Especes seront reçûes à la piece jusqu'audit jour premier Janvier 1727. dans les Bureaux des Recettes de Sa Majesté :

SÇAVOIR,

Les Loüis d'Or de 36. un quart au marc fabriqués avant l'Edit du mois de May 1709. pour - - - - - - 18 · 7

Ceux de 30. au marc fabriquez par les Edits des mois de May 1709. & Decembre 1715. pour - 22 · 6

Ceux de 20. au marc fabriquez par l'Edit du mois de Novembre 1716. pour - - - 33 · 9

Ceux de 25. au marc, fabriquez par les Edits des mois de May 1718. & Septembre 1720. pour - 26 · 15

Et ceux de 37. & demy au marc, fabriquez par l'Edit du mois d'Août 1723. pour - - 17 · 18

Les Ecus de 9. au marc fabriquez avant l'E-dit du mois de May 1709. pour - - - 5 · 1

Ceux de 8. au marc des fabrications de 1709. & 1715. pour - - - - - 5 · 15

Ceux de 10. au marc des fabrications de 1718. & 1720. pour - - - - 4 · 11

Et ceux de 10. trois huitiémes au marc, fabriquez par l'Edit du mois de Septembre 1724. pour - - - - - - 4 · 9

Les diminutions desdits Loüis & Ecus à proportion.

Par l'Arrêt du 28. Novembre 1729. il a été ordonné que les Pieces de 30. deniers n'auroient plus cours que pour - - - - - - · 2

Et celles de 21. deniers seroient données & reçûës dans tous les payemens pour le même prix de - · 2

L'Arrêt du 6. Decembre 1729. proroge jusqu'au dernier Decembre 1730. l'execution de ceux des 15. Juin & 14. Decembre 1726. , 15. Juin & 9. Decembre 1727. premier Juin & 5. Decembre 1728. concernant le prix des anciennes Espèces & matieres d'Or & d'Argent, lesquelles seront reçûës dans les Bureaux des Recettes de Sa Majesté & aux Hôtels des Monnoyes, ainsi que par les Changeurs, sur le pied fixé par ledit Arrêt du 15. Juin 1726.

SUIVRE

SUIVRE
LES EMPREINTES
DESDITES ESPECES

AVEC LEUR VALEUR ACTUELLE,

TANT dans le Commerce qu'aux Bureaux des Recettes de Sa Majesté, & aux Hôtels des Monnoyes, suivant l'Arrêt du Conseil du 15. Juin 1726. dont l'execution a été prorogée par ceux des 14. Decembre audit an, 15. Juin & 9. Decembre 1727. premier Juin & 5. Decembre 1728. & 6. Decembre 1729. jusqu'au premier Janvier 1731.

Cinq Loüis d'Or à la taille de 36. un quart au marc, du poids de 5. den. 6. grains,
VALENT 18. livres 7. sols.

5.e page.　6.e page.　7.e page.　9.e page.　11.e page.

CES deux Loüis d'Or à la taille de 30. au marc du poids de 6. den. 9. grains,
VALENT 22. livres 6. sols.

Ce Loüis d'Or à la taille de 20. au marc, du poids de 9. den. 14. grains,
VAUT 33. livres 9. sols.

14.e page.　18.e page.

19.e page.

Ces deux Loüis d'Or à la taille de 25 au marc, du poids de 7. deniers 16. grains.
VALENT 16. livres. 15. sols.

Ce Loüis d'Or à la taille de 37. & demy au marc, du poids de 5. deniers 2. grains.
VAUT 17. liv. 18. sols.

Ce Loüis d'O à la taille de 30. au marc, du poids de 6. deniers 9. grains, a cours dans le Commerce pour 24. livres.

2..e page.　31.e page.

34.e page.

37.e page.

CES cinq Ecus à la taille de 9. au marc, du poids de 21. deniers
VALENT 5. livres 1. sol.

CES deux Ecus à la taille de 8. au marc, du poids de 23. deniers 18. grains,
VALENT 5. livres 15. sols.

deux Ecus à la taille de 10. au marc, du poids de 19. deniers.
VALENT 4. livres 11. fols.

21.ᵉ page.

31.ᵉ page.

CET Ecu de 10. trois huitiémes au marc, du poids de 18. deniers 12. grains,
VAUT 4. livres 9. fols.

CET Ecu à la taille de 8. trois dixièmes au marc, du poids de 23. deniers 1. grain : A cours dans le Commerce pour 6. livres.

36.ᵉ page

37.ᵉ page.